VERITAS

REFLEXÕES PARA SE CONECTAR COM O SENTIDO DA VIDA

MAURICIO LOUZADA

VERITAS

REFLEXÕES PARA SE CONECTAR COM O SENTIDO DA VIDA

PandorgA
NACIONAL

Produção Editorial
SSegovia Editorial
Diagramação
Vanúcia Santos (AS Edições)
Capa
Vanúcia Santos (AS Edições)
Revisão
Alline Salles (AS Edições)

Texto de acordo com as normas do Novo Acordo Ortográfico da Língua Portuguesa
(Decreto Legislativo nº 54, de 1995)

Dados Internacionais de Catalogação na Publicação (CIP)
(Câmara Brasileira do Livro, SP, Brasil)

Louzada, Mauricio
Veritas / Mauricio Louzada. -- 1. ed. -- Carapicuiba, SP : Pandorga Editora e Produtora, 2015.

1. Autoajuda 2. Conduta de vida 3. Espiritualidade 4. Felicidade 5. Reflexões
I. Título.

15-00499 CDD-808.882

Índices para catálogo sistemático:
1. Reflexões : Coletâneas : Literatura
808.882

2015
IMPRESSO NO BRASIL
PRINTED IN BRAZIL
DIREITOS CEDIDOS PARA ESTA EDIÇÃO À
EDITORA PANDORGA
AVENIDA SÃO CAMILO, 899
CEP: 06709-150 – GRANJA VIANA – COTIA – SP
TEL: (11) 4612-6404

WWW.EDITORAPANDORGA.COM.BR

E conhecereis a verdade
e a verdade vos libertará.
João 8:32

Jamais deixe de retribuir um sorriso.

Por trás dele, pode haver um mundo de ponta-cabeça.

A vida é muito curta para não sermos felizes todos os dias. Ame profundamente, esqueça rapidamente, abrace as oportunidades e não se arrependa das suas escolhas. Esqueça o passado construindo o futuro e se lembre: tudo sempre tem uma razão para acontecer.

Nesta vida, nascemos uma única vez

e morremos uma única vez.

O espaço entre esses dois acontecimentos

chama-se OPORTUNIDADE.

Antes de agir ou falar, lembre-se que a vida não tem CTRL+Z.

Haverá dias que você não encontrará uma única canção em seu coração. É nesses dias que você deve cantar o mais alto que puder.

Algumas pessoas pensam que ser forte é agarrar e não deixar escapar. Mas, às vezes, ser forte é exatamente o contrário: é ter o desprendimento e deixar ir...

Inspirar as pessoas é como pintar uma obra de arte usando palavras no lugar de pincéis.

No final, entenderemos como eram importantes
as oportunidades que deixamos escapar,
as pessoas que deixamos de amar e
as decisões que levamos muito tempo para tomar.

Sentir medo é normal.

Deixar-se paralisar por ele é opcional.

A vida não oferece promessas nem garantias.

Apenas possibilidades e oportunidades.

A velhice não chega com o número de anos vividos. Ela chega quando, na sua vida, há mais arrependimentos do que sonhos.

Se fizer o que todo mundo já fez, será esquecido.
Mas se fizer aquilo que é difícil,
aquilo que exige mais, que cobra mais,
isso vai tornar você uma pessoa inesquecível.

Aprendi, com os aviões, que a única maneira de levantar voo é encarando o vento quando ele está contra você.

Não há nuvem que seja capaz

de impedir que o sol volte a brilhar.

A beleza das coisas não está no mundo à nossa volta,

mas na forma como o vemos.

A felicidade é uma obra de arte que é impossível pintar sem deixar cair pelo menos um pouquinho de tinta em si mesmo.

O segredo da felicidade está em aproveitar tudo o que já conquistamos, enquanto batalhamos por aquilo que ainda queremos conquistar.

Nós não nascemos predestinados para o sucesso,
mas nascemos capacitados para construí-lo.

Confie nos menos capacitados. Eles sempre terão um propósito que irá superar qualquer técnica.

Não tenho medo do que possa me acontecer.
Tenho medo do que posso, por algum motivo,
nunca viver.

Ironicamente, muitas vezes, o que nos amedronta

é exatamente o que nos liberta.

Limite é algo inventado pelas pessoas que não querem arriscar coisas novas.

Ceder não significa fraqueza. Ceder significa que você é corajoso o suficiente para mudar de opinião.

Nossas desculpas são mais limitantes que nossas condições.

Nada é mais determinante para o sucesso

do que a convicção.

Ficar lamentando HOJE

sobre o que aconteceu ONTEM,

definitivamente, não irá mudar o AMANHÃ.

Viver não é respirar.

Viver é perder o fôlego.

Sabe por que um pássaro nunca teme que o galho da árvore se quebre? Porque ele depositou toda sua confiança no lugar certo: em suas próprias asas.

Às vezes, a melhor resposta é sorrir,

seguir em frente

e deixar o tempo passar.

A força vem das batalhas,

a coragem vem dos desafios,

porém, mais nobre é a SABEDORIA,

pois ela é a única que vem das feridas.

Quando uma porta se fecha, você nem sempre precisa procurar outra se abrindo imediatamente. Às vezes, é necessário dar as costas por algum tempo e curtir a vida enquanto outras portas melhores se revelam.

O verdadeiro risco não está em estabelecer uma meta e não alcançá-la, mas em propor um pequeno objetivo e se sentir satisfeito por atingi-lo.

Há dois tipos de pessoas que irão tentar
desencorajá-lo a fazer algo:
aquelas que têm medo de que você não consiga
e aquelas que têm medo de que você consiga.

O dia de hoje é a maior oportunidade para você escrever sua história e deixar uma marca por onde passar.

Sabe aquela pessoa que você imaginou que nem notaria sua queda? Pois é... Provavelmente, ela será uma das primeiras a ajudá-lo a se levantar.

Ter uma visão positiva diante de uma situação negativa não é otimismo. É disposição para mudar.

A vida não tem botão VOLTAR, AVANÇAR ou PAUSAR.
Uma vez dado o PLAY, ela vai acontecer de uma só vez,
do início ao fim.

O futuro tem diversas maneiras de invadir nosso presente.
A cada uma delas, damos o nome de MUDANÇA.

Sua vida não é o que acontece com você,
mas o que você faz acontecer.

Levante-se e faça o seu melhor.

O mundo precisa de você!

O verdadeiro líder é aquele que faz antes de mandar,
serve antes de ser servido e aprende
antes de tentar ensinar.

A vida passa num piscar de olhos.

Muitas vezes, o que aprendemos e o que nos tornamos enquanto batalhamos por algo é muito mais importante do que aquilo que estávamos tentando conquistar.

Precisamos cuidar de nós mesmos.
Esse é o caminho para aprendermos
a cuidar dos outros.

As pessoas mais bem-sucedidas não são as que erraram menos. São as que aprenderam mais, e para aprenderem mais, tiveram que errar mais...

Atrás de cada sorriso, há milhões de coisas que nunca poderemos compreender.

Todas as histórias de sucesso têm um ponto de partida comum: o momento em que alguém decidiu tentar fazer algo.

Grandes realizações acontecem quando você começa a dar para sua determinação a mesma força que costuma dar para os seus receios.

Jamais deixe o sucesso subir à sua cabeça e nem o fracasso descer ao seu coração.

O que o FUTURO pode trazer sempre será muito mais importante do que aquilo que o PASSADO pode ter levado embora.